LUIS CHESNEY LAWRENCE

EL DESCUBRIMIENTO DE AMERICA Y EL ARTE LATINOAMERICANO

Ensayo sobre Historia y Arte

Luis Chesney Lawrence
EL DESCUBRIMIENO
DE AMÉRICA Y EL ARTE
LATINOAMERICANO
Ensayo sobre Historia y Arte

1ª. Edición, 1991
2ª. Edición, 2013

Eco - Ed Publicaciones (ONG)

Diseño y organización: Seraidi Chesney Sosa

ISBN-13: 9781480200708
ISBN-10: 1480200700

Dep Legal: lf06820117002641

On-Demand Publishing (ODP)

Powered by:
CreateSpace TM
An amazon.com company

Made in the USA, Charleston, SC

Portada: Consuelo Méndez.

ÍNDICE

INTRODUCCION

"...Y un día, entramos por el error de un judío genovés en la historia universal"

La historia es un profeta con la mirada vuelta hacia atrás: por lo que fue, y contra lo que fue, anuncia lo que será[1]. Este trabajo, quiere ofrecer la visión crítica de cómo el encuentro en dos mundos, el europeo y el americano, chocaron en desmerito del segundo y como la cultura y el arte de este fueron saqueados y aplastados para llegar a determinar una dependencia que hasta hoy no se ha podido doblegar. Para estos efectos entenderemos como historia los hechos humanos, en su sentido más amplio, hechos que han pasado, de la época de la antigüedad, localizados en esta parte del mundo, y como arte entenderemos todos los productos de la actividad humana considerados como artísticos que fueron hechos por los primeros habitantes de este continente y de los que tenemos noticias

1

por sus hallazgos, y por la transmisión oral que de algunos de ellos se hace. De esta forma, se pretende, de una parte ver al arte como conocimiento de la historia y de otra, el arte como parte constitutiva de la propia historia, estructura que permite alcanzar los objetivos planteados al inicio.

Cuando Cristóbal Colón se lanzo a atravesar los grandes espacios vacíos al oeste de la Ecumene, aceptaba el desafío de las leyendas: tempestades terribles jugarían con sus naves y las arrojarían a las bocas de los monstruos; la gran serpiente de los mares tenebrosos, hambrienta de carne humana, estaría al acecho. Solo faltaban mil años para que los fuegos purificadores del Juicio Final arrasaran el mundo, según la creencia del blancos europeos del Siglo XV, y el mundo era entonces solo el mar Mediterráneo con sus costas de espaldas ambiguas. Europa, África y Asia. Los navegantes portugueses aseguraban que el viento del oeste traía cadáveres extraños… y, a veces, arrastraba leños curiosamente retorcidos y tallados. Pero nadie-nadie sospechaba que el mundo tenía otro mundo. Que había una vasta de tierra nueva.

América no tenía nombre, era anónima, como la serpiente y los leños que de allí venían… Los noruegos no sabían lo que habían descubierto en largo tiempo y Colón murió convencido que había llegado al Asia por la ruta del oeste: la ruta de las indias. Cuando la bota española se clavo por primera vez en las arenas de las Bahamas, el Almirante creyó que estas islas eran una avanzada de la fabulosa isla de Cipango: Japón, pero era América.

América. América… Sí. América Latina. Nos han dañado. Y no podemos dejar de lado esos golpes. Ellos también configuran nuestra experiencia. Parte de nuestra personalidad corre el riesgo de perderse entre los desechos…

Entre los indígenas de América había de todo: astrónomos y caníbales y salvajes de la Edad de Piedra. Ninguna de nuestras culturas nativas conocía el hierro ni el arado, ni el vidrio ni la pólvora, ni empleaba la rueda. Tal vez esto pueda explicar la relativa facilidad con que sucumbieron. Hernán Cortes desembarco en Veracruz acompañado de un puñado de seiscientos soldados y diez cañones de bronce. Eso les basto. Y sin embargo, la capital de los aztecas, Tenochtitlán tenía entonces una extensión cinco veces más grande que Madrid y duplicaba la población de Sevilla, la mayor ciudad española. Como unos puercos hambrientos ansiaban el sol[2].

Y de cara a la historia... ¿para que la historia? Búsqueda. No puede ser una mera recopilación de fechas, acumulación de datos y perder. Perder desde tiempos remotos. La luz del pasado no está solo en sí mismo. Una posición fértil nos evita enfocar los hechos con rencores. Si. Mes

4

valido escarbar el pasado, nuestra historia. Es América Latina, la tierra que todo lo ha transmutado desde siempre en lo europeo, en lo norteamericano... Todo: la tierra y sus frutos y sus profundidades ricas en minerales y los hombres y su capacidad de trabajo y los recursos humanos y naturales y sus artes. El modo de producción y la estructura de clases de cada lugar han sido sucesivamente determinados desde afuera. A cada cual se le ha asignado una función, siempre en beneficio de la metrópolis extranjera de turno, y así a cadena se va haciendo infinita. Perdimos. Otros ganaron. Otros ganaron los que nosotros perdimos: la historia de la dependencia y el subdesarrollo de América Latina integra, "nuestra derrota estuvo siempre implícita en la victoria ajena: nuestra riqueza ha generado siempre nuestra pobreza para alimentar la prosperidad otros: los imperios y sus caporales nativos. En la alquimia colonial y neocolonial, el oro se transfigura en chatarra y los alimentos se convierten en veneno[3]".

Si. Es válido hurgar el pasado. Lo es para ubicarnos en nuestro presente, prestarnos una mentalidad crítica ante lo que vivimos, espíritu sincero. El juicio del pasado se hace en base a nuestras sensaciones nuestros problemas, nuestras previsiones. No es ir al pasado. Es actualizar el pasado. La carga de informaciones eruditas no nos hace ser históricos por el contrario, nos hace romper el amoroso equilibrio de creación artística e investigación, es la pregunta al pasado que se responde en la realidad del proceso continuo.

Nosotros tenemos algo que decir a Huitzilopochtli. Añadir algo al asesinato de Atahualpa. Nosotros... Nosotros...

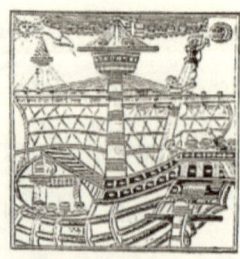

CAPÍTULO I. EN EL ORIGEN DE LOS ORIGENES: EL HOMBRE

Una de las preocupaciones fundamentales del hombre en todas la épocas, ha sido la de buscar y encontrar sus orígenes. Su inquietud por esa búsqueda trasciende muchas disciplinas hasta llegar a convertirse en una problemática esencial de su futuro porvenir. Deja de ser curiosidad. Se transforma en el objeto mismo de su diario vivir. Y cada vez viniendo a medias y prestado. Y esto porque el misterio del origen es un sentimentalismo que nace con los primeros destellos de la reflexión. Cuando la idea se hace consciente y traspasa el umbral de lo animal para convertirse en vida. Existir es ser. Es reflexionar. Es vivir. El interés despertado por los innumerables escritos consagrados a este lento ascender corpóreo y del pensamiento nos muestran hasta qué punto su conocimiento responde a una profunda necesidad de confirmar la integración espacio-tiempo del hombre. El pasado visto así, bajo la forma dialéctica materialista –o por una metafísica religioso-mítica– no tiene otra significación real que la de situar al hombre futuro en su presente y su más lejano pasado. Vernos a nosotros mismos, sin sustitución ni yuxtaposición o "mestizaje" de creación.

Aunque resulta difícil decir como el indio americano imaginaba su propia realidad, sus mitos heredados, las obras de teólogos y filósofos de la antigüedad y los relatos de los viajeros o cronistas de indias, descubren una visión etnocéntrica, una imagen que hasta cierto grado es coherente y permite analizar su totalidad. En todo caso es una percepción de la realidad, útil para la toma de conciencia de su transformación (mezcla de héroes y dioses. Fabula y leyendas). Pero siempre es el etnocentrismo lo que caracteriza esta visión pre-científica del hombre. En

8

numerosos grupos humanos la palabra que sirve para designar el grupo étnico es "hombre", dejando de lado pueblos monstruosos que en su aspecto y costumbres asimilan el concepto del bien y la fealdad. De aquí viene la confusión de semejar los demonios y los monos en estampas geográficas del siglo XVI, origen directo de las justificaciones científicas de los prejuicios raciales.

La exploración del espacio, antes que la exploración de tiempo, hace modificar esta imagen. El descubrimiento de un universo más y más grande, poblado de hombres diferentes por el color y costumbres, pero de todas maneras humanos, salvajes o civilizados, introduce poco a poco una imagen racional de la humanidad.

De a poco el hombre accede a la humanidad. Y con él el hombre americano. Y adviene la escala del tiempo. Los salvajes de América conocen las armas de piedra y eso incita a establecer relaciones con nuestros propios útiles prehistóricos y se presiente una vaga noción de evolución. Pero el pensamiento renacentista, que ensancha el campo, cambia la forma del etnocentrismo y la orienta hacia una jerarquía de los valores humanos que conduce inevitablemente al racismo.

En el nuevo mundo se refleja esta división. Los bárbaros cambian y los monstruos hipérboles mejoran su imagen. Aunque aun es imprecisa.

Las preocupaciones sobe la naturaleza del hombro son más que un episodio en el movimiento racionalista que debía impulsa la civilización tradicional. Las ideas sobrepasan a los hechos. Por fin el hombre adhiere una posición zoológica en una vertiginosidad geológica. La tierra tiene varios centenares de millares de años. La batalla de la evolución está ganada. El hombre pasa a ser especie: el *homo sapiens*. Aunque sea el ultimo eslabón de la serie coronada por los primates.

Todo se desencadena violentamente desde ahora en adelante. El mito del antepasado simio ha tomado forma y la evolución darwiniana tiene insospechadas repercusiones en el pensamiento científico. Por lo demás ya existen los fósiles... el desdichado hombre de Neanderthal, fragmentado por los obreros, debió a su resistencia natural el poder conservar su bóveda craneana que juega un papel decisivo como testimonio del hombre primitivo. La paleontología humana comparte ahora sus favores entre los difusores de la fe y del evolucionismo ateo.

Pero ¿Cuál es la imagen del hombre, de su totalidad y de sus antepasados?

El mito del antepasado mono posee varias raíces perdidas en la penumbra y su fijación se produce en el momento en que se desata la fantasía de los demonios peludos con garfios, de los hombres salvajes con cabeza de lobo o con cuerpo de pez. Es un mito sabio que pone sus dobles en el abominable hombre de las nieves, en el Tarzán de la Conquista. El hombre primitivo ideal, hermoso y soñado. Librado del peso del mono por la presencia de su chimpancé favorito. A través del increíble despilfarro de hombre y recursos que caracteriza la historia, el hombre asume el papel de resorte de ajuste entre distintos estados sucesivos[4].

Este recorrido introductorio de la aventura del hombre nos aproxima al centro de este trabajo. El equilibrio, único en el mundo vivo, entre el individuo y su cuerpo social, prolongación indefinida de su acción y su futuro como ente social con los elementos que sustentan su permanencia en la tierra.

El hombre triunfa sobre la materia al precio de su intuición. Desde sus comienzos de equilibrio zoológico se sustituía por uno nuevo, perceptible por el *homo sapiens*. El grupo étnico, la nación, reemplaza a la especie y el hombre con cuerpo de mamífero se desdobla en un organismo colectivo con posibilidades prácticamente ilimitadas por las innovaciones tecnológicas. Pero siempre será depredador. Ahora colectivamente.

El indio americano -andino, mesoamericano o amazónico- crea su mundo original sobre a base de una profunda jerarquía social, y una fuerte imposición religiosa, que se yuxtapone a sus propias creencias, creando así la contradicción fundamental que se resolverá en su detrimento: no lograr algún tipo de unidad social. Y aunque el imperio era joven, se inicia el ciclo cósmico regresivo que lo hará abdicar de sus principios y seguir la senda de un fatalismo histórico-mítico, y bajar la cabeza para aceptar, asombrosamente, su desarraigo. Sus dioses lo abandonan, sus ciudades se dividen, comienzan las pugnas políticas y sus ejércitos son vencidos. Una sola lengua, un solo Dios y un solo rey, sustituyen a la tradición milenaria precortesana. De aquí al abismo hay cuatrocientos años. Desarraigo, destrucción, mezcla, dependencia. Y nunca más mirar por sí mismos. Nunca más. Los restos de aquel mundo que habito la varzea amazónica han desaparecido. Ayer más poblada que hoy. Pro perdida irremediablemente. Van desapareciendo lentamente ante un país indiferente que los condena a vivir en la marginalidad, en nombre de la cultura y el progreso. El mundo indígena no puede escapar de su destrucción y se aleja cada vez más de una historia que tal vez nunca será la suya.

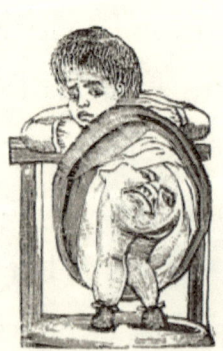

CAPÍTULO II.   EL ARTE
LATINOAMERICANO

Y frente a Teotihuacán, Chan-chan, Chichén Itzá, el rastreo es deslumbrado, oscilante, pero alerta en su transformación del presente. Y podemos recordar nuestro pasado, las gloriosas tristezas del Chilen Balam, recordar nuestra serpiente emplumada, admirar el interminable camino del sol que aún permanece subyacente, hoy. Después de premoniciones, de funestos presagios, teológica espera de los indígenas, llega Quetzalcóatl, llega Viracocha, llega Kon-Tiki. El indígena permanece en la violencia y se infiltra en el espíritu: la virgen de Guadalupe también es Tonantzin, el inca Garcilaso es nuestro primer desterrado. La arquitectura mexicana desarrolla imponentes templos, pirámides escalonadas o de paredes lisas, surgen sus ciudades, Yucatán: Palenque, Uxmal, Labná, Zayi. La decoración se

15

realiza con sentido más bien arquitectónico que escultor, predominando trazos geométricos, grandes o escalonados, de corona y de discos en los que aparecen las figuras zoomorfas. En Perú, la arquitectura produce excelentes canteros y templos como Coricancha, Tiahuanaco y Orcos, las fortalezas de Saxahuaman. Machu-Pichu, la decoración se conserva aun en telas y cerámicas, con sus formas geométricas y de carácter animado, en donde los animales acompañan al hombre. En la Capitanía General de Venezuela aparecen las edificaciones que adoptan las técnicas de cobertura mudéjar.

La música azteca tenía como función servir de danza, en ceremonias, era mágica, religiosa, ritual y que se realizaba en forma colectiva. Canto antifonal, en que aparecen dos grupos que se van respondiendo, heterofonía, que utilizaba instrumentos como el Ayote, construido en la caparazón de una tortuga, el

Teponaztli, similar a la marimba, con lengüetas de madera, el Tecomapiloa, de una sola lengüeta, el Huehuelt, especie de tambor y el Kayum, finalmente terminados en arcilla, junto a todos los demás aerófonos, el caracol marino y ocarinas con que acompañaron sus rituales y pantomimas. Los incas, incorporan la música a ceremonias civiles con gran profusión de instrumentos, sonajas, campanillas, tiña, flautas de pan, quenas, pinkillos, pututues y trompetas que utilizaron tanto en Los Andes como en el Altiplano. Pero no tuvieron cordófonos.

En todos los pueblos mesoamericanos, la dimensión indígena se continúa manifestando en forma resaltante. Y realmente fue una de las más altas expresiones de la creatividad humana, que aun late en los modos de la vida del pueblo. En el centro y sur del actual territorio mexicano y en Guatemala, florecieron pujantes y singulares civilizaciones. En el primero como cultura azteca y en el segundo como cultura maya, alcanzaban la cumbre las civilizaciones urbanas basadas en la agricultura de regadío, en un amplio sistemas mercantil, en la estratificación de la sociedad en clases profundamente diferenciadas en clases y en formas complejas de organización política, similares a estados, que se extendían sobre vastas regiones.

En México estaban los aztecas, de lengua náhuatl, estructurados en una confederación integrada por tres pueblos: Tenochtitlán, Texcoco y Tlacopan con hegemonía del primero. Contaban con una escritura propia, un calendario preciso y habían alcanzado una etapa de desarrollo urbano comparable a la egipcia o la babilónica. El elemento integrador más importante del ethos azteca los constituía probablemente la concepción de la predestinación que se atribuía en su calidad de Pueblo del Sol, creencia según la cual el movimiento, la luz y el calor solar se lograban por medio de sacrificios humanos propiciatorios. A diferencia de ellos, los de Texcoco, adoraban principalmente a Quetzalcóatl, una divinidad más benigna, definida como un ser supremo al que debía rendirse culto por medio de la oración, el canto y la poesía, y al que repugnaban los sacrificios humanos[5].

La civilización maya se considera una de las más grandes y originales del mundo, que aunque no haya llegado al nivel urbano e imperial de la egipcia, incaica o azteca, alcanzo un elevado nivel de desarrollo. Civilización agrícola de regadío, sus conquistas culturales mas señaladas consistieron en la escritura, en la aritmética, en el calendario cuya precisión solo ha sido superada por el nuestro, en la arquitectura de las pirámides escalonadas y de los suntuosos sepulcros y en su extraordinaria escultura monolítica, expresión sobresaliente en

19

toda la humanidad. Es también probable que la maya haya sido la primera civilización en el mundo que floreció en una región de selva tropical, habiendo creado un modelo de estructura urbana adaptado a las condiciones ecológicas que prefiguro la forma futura de las ciudades de los trópicos.

Entre las culturas, la civilización incaica se opone a la maya y a la azteca, por su perfil menos místico y por su profundo sentido organizativo que le permitió estructurar uno de los Imperios Teocráticos de regadío más coherentes y mejor integrados de la historia. Alcanzaron un nivel de civilización urbana servida por un magnifico sistema de trasporte que unía Cuzco, su capital, al altiplano entero, lo que hizo posible controlar y distribuir las cosechas, fiscalizar y vincular millares de comunidades cuta población es estimada en más de 10 millones de habitantes. En un territorio inhóspito, al que tuvieron que amoldarse trabajosamente no solo adaptándose biológicamente para sobrevivir en las grandes alturas, sino modificando incluso la tierra misma que en su estado natural no se prestaba la agricultura, se hicieron labradores de terrazas.

Además de la hilandería y la cerámica, los artesanos incaicos dominaban una metalurgia avanzada y un arte arquitectónico y escultórico en piedra. Responsable de magnificas edificaciones, como puentes, terraplenes, caminos, templos, palacios y esculturas megalíticas, que atestiguan hoy la medida de la capacidad organizativa y de la suntuosidad de su civilización.

Es probable que contactos intermitentes con el mundo maya-azteca hubiesen permitido una influencia reciproca, pero los respectivos desarrollos se hicieron de modo independiente. Por todas estas características, la cultura incaica, tal como la mesoamericana, se inserta entre los pocos núcleos mundiales de desarrollo autónomo de civilizaciones urbanas basadas en la agricultura de regadío. Su principal característica la constituye su organización social no fundada en la propiedad privada, en la esclavitud y en la economía monetaria, sino en la estructuración de carácter colectivo, un estado teocrático, altamente centralizado, y una agricultura de regadío a la que Marx llamó "formación asiática".

El Imperio incaico fue destruido en su ciclo de expansión, cuando aparecía contar con condiciones excepcionales para organizarse como un vasto sistema político y cultural, que englobaría en su proceso civilizador a la mayoría de los pueblos de América del Sur.

Triste destino el de América Latina. Un puñado de no más de doscientos mil europeos llegaron a dominar millones de indios, fundiéndolos en un complejo cultural diferente cuya extraordinaria uniformidad fue proporcionada por el cimiento ibérico.

Los latinoamericanos son hoy el producto de dos mil años de latinidad, mezclada con poblaciones asiáticas y negras, aderezadas con la herencia múltiple de patrimonios culturales y cristalizados bajo la compulsión de la esclavitud y de la expansión ibérica. Es decir, son una civilización tan vieja como la más antigua en lo que respecta su cultura, a la vez que constituyen pueblos tan nuevos como los más recientes. El patrimonio antiguo se expresa socialmente en lo que tienen de peor: la pose consular y alienada de las clases dominantes, los hábitos caudillescos de mando y el gusto por el poder personal, la profunda discriminación social entre ricos y pobres que separa mas a los hombres que el color de su epidermis, las costumbres señoriales que llevan implícito el gusto por la holganza, el cultivo de la cortesía entre patricios y el desprecio por el

23

trabajo, el conformismo y la resignación de los pobres con su pobreza[6].

Lo nuevo se manifiesta en la afirmación enérgica que brota de las clases oprimidas, por fin conscientes del carácter profano y erradicable de la miseria en que siempre han vivido. Se expresa también en la asunción cada vez más lucida y orgullosa de su propia imagen étnica de mestizos, así como la prescripción precisa de las causas reales de su atraso y su consecuente alzamiento contra el orden vigente.

La revolución social latinoamericana implica el choque de estas dos concepciones de la vida de la sociedad. Ella devolverá un día los pueblos de la América morena el impulso creador perdido hace ya siglos por sus matrices ibéricas. Perdido desde el momento en que quedaron al margen del desarrollo europeo entrando por ello en la decadencia. Significara también el ingreso de los latinoamericanos en el dialogo entablado a escala mundial, puesto que tienen una contribución especifica que hacer a la nueva civilización. Y esta contribución consistirá, esencialmente, en lo que ellos son como configuración socio-historia y cultural. Mas humanos porque incorporan rasgos sociales y culturales del hombre. Más generosos, porque permanecen abiertos a todas las influencias y se inspira en una ideología integradora de todas las razas. Más progresistas, ya que en su futuro se cifra únicamente en el desarrollo del saber y en la aplicación generalizada de la ciencia y la técnica. Más optimistas, porque saliendo de la explotación y de la miseria saben que el mañana será mejor que el ayer y el hoy. Y también más libres, puesto que sus proyectos nacionales de progreso no suponen la opresión ni el despojo de otros pueblos[7].

CAPÍTULO III.   LA EUROPA MANIERISTA

De acuerdo con lo que expresa Hauser[8], el manierismo fue la expresión artística de la crisis que conmueve al mundo occidental en el siglo XVI y que se extiende a todo lo político, económico y espiritual. La crisis política comienza con la invasión de Italia por parte de España y Francia, las primeras potencias imperiales de la edad media. Y ya en 1525, Carlos V tenía a Italia conquistada. En 1527, conquista Roma: en Nápoles hay un virrey español y en Millán un Gobernador también español. En Florencia están los Medici. Pero Carlos V conquista Italia porque tenía la capitanía alemán e italiano. Desde entonces el capital financiero empezó a dominar el mundo. Se arruinaron muchos capitalistas de esa época, pero se aseguro el dominio del capitalismo, como sistema, en todo el mundo. El absolutismo, la monarquía centralizada fue cuestión de tiempo y dinero.

El centro comercial mundial se había desplazado desde Italia, el Mediterráneo, hacia el occidente, debido al peligro turco, al descubrimiento de nuevas rutas marinas y al predominio económico de las naciones de Oceanía. Aparece, entonces, en lugar de los pequeños estados italianos, las grandes potencias administradas centralmente. Termina esta etapa inicial del capitalismo y comienza a desarrollarse un capitalismo moderno de gran estilo. Los metales preciosos extraídos de América ayudan en esta labor, al menos en lo inmediato, a constituir el gran capital europeo. La tendencia es la de pasar de la artesanía, con un capital relativamente pequeño, a la gran industria y comercio con mercancías y los negocios financieros. La segunda mitad del siglo XVI presencia varias crisis financieras, producto del misterioso movimiento de las fuerzas de la oferta y la demanda desconocidas en esa época: 1557. Francia y España. Los descontentos del clero por la corrupción de la iglesia y los propios negocios del clero producen el descontento que desencadena la Reforma. Miguel Ángel en esta época presenta signos espirituales y manieristas en su Juicio Final, en la Conversión de Sn. Pablo y la Crucifixión de San Pedro: Ya no hay unidad óptica, coherencia continúa del espacio, hombre y mundo, todo tiende a generalidad, a la abstracción, al esquematismo. El fracaso de las negociaciones religiosas en Ratisbona (1541), señalan el fin del primer periodo humanista del movimiento católico de reforma. Triunfa el realismo. Se pasa de un Renacimiento cauteloso a una Contrarreforma intolerante. En 1542 se crea Inquisición, en 1543, la censura de la imprenta. Viene un catolicismo de autoridad y fuerza. Se crea la orden religiosa de la Compañía de Jesús, sinónimo de rigor y disciplina totalitaria eclesiástica. Y en lo político, el esquema lo dan las obras de Maquiavelo, bien para organizar un Estado o para seguir su doctrina de doble moral. Este es el ambiente que reina en el viejo mundo y que de alguna forma, determina el comportamiento del conquistador y su accionar en América Latina.

CAPÍTULO IV.   SE INICIA LA DEPENDENCIA

La expansión ibérica que buscaba la explotación del suelo y subsuelo americano se inicia a partir de la ciudad, que fue el centro de la difusión europeizante de la colonia. Esta sustituyo a la sociedad indígena anterior al siglo XVI y marca el inicio del proceso de aculturación en el cual los americanos pierden su libertad para aceptar o rechazar las pautas impuestas, lo que se hizo a través de dos mecanismos: exterminio de la clase gobernante y sacerdotal, culta, y disminución de la población, provocada por condiciones de trabajo, epidemias y desequilibrio ecológico.

Se desintegra el modo de vista precolombino. Los prototipos artísticos se encuentran en un proceso de traslado hacia lo que se llamo un arte provincial, en constante dependencia con la

31

metrópoli, que lo llevo a efectuar variaciones sobre el estilo dominante en la madre patria, y que por llegar con retraso a las colonias, otorgo a esas creaciones un aire conservador. Los aportes locales fueron mínimos. Los templos-fortalezas de México, la arquitectura de Buenos Aires son ejemplos de este arte provincial ligado a la metrópoli. Sin embargo, los estratos inferiores produjeron un arte popular en tejidos, cerámicas y retablos. Arte en el cual se observa una adecuación del motivo a los esquemas del realismo intelectual, tendencia a reducir las formas a la bidimensional, simetría y deformaciones ornamentales, y ciertos aspectos populares se incorporan a obras de estilo europeo ya entrados en el siglo XVIII.

Este arte popular estará siempre presente como una forma de resistencia y de liberación a la imposición colonial hasta que sea definitivamente aplastado.

Los testimonios que quedan son una elocuente apreciación de la tragedia que arrastra América Latina: relatos, poemas y cantos indígenas que registran su propia visión de la conquista, como los versos siguientes, seleccionados por M. León Portilla, que resultan altamente expresivos:

Y todo esto paso con nosotros
Nosotros lo vimos, nosotros lo admiramos:
Con esa lamentosa y triste suerte nos vimos angustiados
En los caminos yacen dardos rotos:
Los cabellos están esparcidos.
Destechadas están las casas,
Enrojecidos tienen sus muros.
Gusanos pululan por calles y plazas,
Y están las paredes manchadas de sesos.
Rojas están las aguas, están como teñidas
Y cuando la bebimos,
Es como si bebiéramos agua de salitre.
Se nos puso precio.
Precio del joven, del sacerdote,
Del niño y de la doncella.
Basta: de un pobre era el precio
Solo dos puñados de maíz,
Solo diez tortas de mosco;
Solo era nuestro precio veinte tortas de grama salitrosa.

Oro, Jades, mantas ricas,
Plumajes de quetzal,
Todo eso que es precioso
En nada fue estimado.
Llorad amigos míos,
Tened entendido que con estos hechos
Hemos perdido la nación mexicana.
El agua se ha acedado, se acedo la comida!
Esto es lo que han hecho el Dador de la vida en Tlatelolco...

En la arquitectura se constata el mismo proceso. El aporte autóctono fue solo la mano de obra, generalmente inexperta. Graciano Gasparini con razón opina que la colonia no tuvo planteamientos novedosos y que prevalecen los principios de autoridad del sistema igual planta, igual volumen, igual espacio. Solo la decoración cambia, lo que produce un efecto estético superficial.

Los movimientos emancipadores, iniciados ideológica y económicamente hacia fines del siglo XVIII, señalaron el fin de la dependencia artística de origen ibérico. Pero este mito revolucionario fue una expresión a nivel super estructural de un proceso inevitable de la transformación del sistema capitalista, de su etapa mercantil a la industrial, con su correlativo cambio de "centro". Y nuestro arte, el arte Latinoamericano, es fundamentalmente rama de un arte metropolitano. Y si dejamos de lado la susceptibilidad de orgullo nacional, se verá que, no obstante la autonomía consistió, en buena medida, en transferir la dependencia, de modo que otro arte europeo no metropolitano, como el francés, se volviera en modelo a partir del siglo XIX.

La fisiocracia, la ideología francesa, las teorías de *laissez-faire* y el liberalismo *manchesteriano* económico, pasaron a componer, cada vez más, el marco ideológico de esta nueva dependencia, proporcionando una superestructura particularmente apta para el funcionamiento de las explotaciones que van hacia mercados internacionales[9].

Desde las primeras décadas del presente siglo, y particularmente a partir de la primera Gran Guerra, un nuevo periodo se abre, un nuevo polo comenzara a destacarse en el sistema mundial de interdependencia: los Estados Unidos de Norteamérica, etapa que coincide con la estructura del capitalismo monopolista. Particularmente a partir de la formulación de la Doctrina Monroe que se consolida como centro dominante frente a Europa y luego como polo dominante de AL, en las diversas formas ya conocidas, como el *big-stick* o la *good-neighbour-policy* y sobre todo el comercio y la exportación de capitales[10]. El siglo veinte ha sido el siglo de las revoluciones y de la desintegración y en definitivas ha sido el periodo en que ya queda patente la ruptura con la herencia cultural precortesana, al caminar bajo la consigna de que era necesario el replanteamiento de todo. El cubismo surge precisamente como reacción de este tipo pero ya en 1920 se dan los primeros

36

pasos en la Rusia revolucionaria, en que la acción de masa irrumpe al poder y rompe con todo los cánones culturales conocidos hasta entonces. Surge el constructivismo como un criterio marxista del arte y como elemento de transformación del mundo en dos planos y géneros, el plano material y el de la consciencia y los géneros utilitario y no utilitario, de cuya interacción surgirá una expresión de ideas y emociones humanas fundamentales para el desarrollo de la sociedad. Originalmente tuvo como objetivo crear formas útiles para servir a la sociedad Tatlin expresa que "no es el cuadro, sino el objeto material el criterio del arte innovador" y Kandinsky desarrolla su interpretación sicológica de la reacción provocada por el arte. Para este grupo de creadores revolucionarios, cuya influencia en los artistas latinoamericanos aun no ha sido claramente evaluada, la forma pura, la masa y el espacio y el movimiento siempre deberán estar por un arte

37

utilitario, al que ellos llamaron arte productivo, en un diseño de una estética basada en la teoría y la práctica artística, sobre el ambiente material del hombre que integrara la técnica, la ciencia y la estética. Veinte años más tarde comenzaran en AL los movimientos plásticos cuyos objetivos eran la búsqueda de una nueva estética, nuevas proposiciones y el encuentro de un lenguaje propio[11].

Justo en el momento en que se entronca con los movimientos que aparecen como los más importantes, junto a otros posteriores, conviene detenerse un instante en el camino y recapitular sobre esa corriente realista de contenido social que ha vendido desarrollándose en forma marginal a todo el proceso descrito. Desde el inicio de la colonia se fue desarrollando en forma solapada un arte popular que se oponía al arte oficial impuesto por el colonizador. Era un arte eminentemente realista, formalmente implícito que expresaba los sentimientos reprimidos del artista. A fines del siglo XIX y comienzos XX, ya se insinúa con claridad de corriente realista con un contenido social. Pero el tema alcanza su nivel formal y de contenido definido con el muralismo mexicano, que se viene anunciando desde José G. Posadas, cuya obra impacta profundamente a Orozco. Y con la caída de Porfirio Díaz (1911), un grupo de artistas se suma a la revolución encabezada por Murillo, el Dr. Artl, y el resto de los muralistas, Orozco, Rivera, Siqueiros, Montenegro; Tamayo y otros, gentes de clase media que expresan el contenido de su revolución en forma original y rotundamente formal, aunque hay autores que le atribuyen fuertes influencias italianas.

Ellos hicieron pensar en el nacimiento de un verdadero arte latinoamericano. Por sobre todo, amaron cualquier tipo de expresión mejicana. Su base teórica era la del arte para el pueblo, que es la más sansa expresión espiritual del mundo. Su objetivo estético era el de socializar la expresión plástica y borrar el individualismo burgués, el repudio a la pintura de caballete y todo el arte de los círculos intelectuales, glorificar el arte monumental que es propiedad pública. Pensaron que el arte debe estar en todo, en la educación y en la batalla. Por esto, las motivaciones de este arte son de origen socio-político y se plantea como tendencia artística a partir de su propia realidad, que pretendió ser una articulación contemporánea y continental de América Latina en el arte. En 1921, en Paris, Siqueiros y Rivera lanzan el llamamiento para construir un arte monumental y heroico, con el ejemplo de las grandes tradiciones prehispánicas americanas. Típica contradicción dialéctica de estos pintores de formación europea que reivindican lo propio en un grito de identidad desgarrado. Pero esa tradición precolombina solo puede tener peso en los países de las grandes culturas mayas, azteca e inca. Para el resto de los países la solución no puede ser aquella.

La importancia del muralismo es que fue el primer movimiento plástico del siglo que evidencia el carácter de enajenación del arte dentro de la sociedad capitalista burguesa. Es un ataque frontal al carácter privado de la plástica y el consumo. El arte debía estar al servicio de todos. Pero esto solo puede darse en una sociedad igualitaria. Tuvieron una voluntad de ruptura y de relación con el arte precolombino. Y participaron activamente en la vida política de su país, lo que alimento una ola de nacionalismo cultural de los años 20. Para ellos, la temática era lo más importante, más aun que el valor estético, porque cumple una función social, la de llevar un mensaje liberador.

A pesar de buscar en lo precolombino su temática, no significo un renacer de este, que debió decorar por necesidad grandes espacios arquitectónicos. Solo el espacio se traspaso a los muralistas. No es herencia ni renacer. Como ha dicho Octavio Paz, "puede haber conquista, afinidad, recreación o descubrimiento, pero no existe un hilo de continuidad heredada más que por sus arraigadas tradiciones pero no del arte. Este no vuelve a repetirse"[12] [13].

El capitalismo experimenta en esta época una crisis, la del sistema agroexportador impuesto, que implico un descalabro en el sistema de división internacional del trabajo, que variaron de país a país y en la que los más pequeños se vieron obligados a doblar la cabeza ante el vendaval. En otros ya se inicia un acelerado proceso de industrialización sustitutiva.

El tema de los años veinte-treinta nos lleva directamente al problema de la identidad nacional, en los años sesenta nuevamente será puesto en el tapete del quehacer artístico. En América Latina se puede distinguir con claridad un periodo artístico completo, contradictorio, pero altamente creativo y original, como lo fue la época precolombina. Mesoamérica y las culturas andinas construyeron su propio ordenamiento económico y espiritual. Con diferentes lenguas, religiones y culturas, conformaron una unidad histórica coherente sobre la cual desarrollaron sus propios valores, diferentes entre sus mismos pueblos, que al fin y al cabo, eran independientes. Así constituyeron en todo vital, una totalidad no homogénea entre sus partes, pero completa en la generalidad. Ahí están sus pirámides, sus monumentos fúnebres, Tenochtitlán, Uxma y Palenque, sus dioses, su calendario solar, sus ceremonias y sacrificios, su pensamiento cósmico pleno de anuncios y leyendas que combinan lo natural con lo divino y que fue su fuente de explicación del mundo, la vida y la muerte. 1492 marca la fecha de su exterminio. La vida llego un día al abismo. El conquistador, mezcla de militar y sacerdote produce un fenómeno

43

de derivación artística y dependencia de España. Arte provincial, impuesto desde el centro, en el milenio de Dios (para América Latina), que desarrolla hacia la periferia con matices locales y particulares.

Explica Octavio Paz, que la llegada de los españoles parece una liberación para los pueblos sometidos por los aztecas. Las diversas ciudades se alían al conquistador o contemplan indiferentes la casa de sus rivales pero nada había logrado la ruina del Imperio Azteca, si este no hubiera sentido de pronto un desfallecimiento, una duda intima que lo hizo vacilar y ceder. ¿Por qué cede Moctezuma? Los dioses lo han abandonado. Se sintió abandonado ante los avisos, profecías y signos que anunciaban su caída, en su concepción cíclica del tiempo. El fin de una era cósmica. La sucesión regresa. Regresa a otros tiempos y a otros dioses.

Nuestra cultura, como parte de la española, es libre elección de unos cuantos espíritus, es una forma a veces superpuesta indiferente a la realidad que la sustenta. En ese carácter estriba su grandeza, en algunos casos, o su impotencia. El crecimiento de la lírica – dialogo entre el poeta y el mundo- y la pobreza de nuestras formas épicas y dramáticas, reside acaso en ese carácter ajeno, desprendido de la realidad, de nuestra tradición. La historia tiene la realidad atroz de una pesadilla. La grandeza del hombre consiste en hacer obras hermosas y durables con la sustancia real de esa pesadilla. Y la nuestra fue la realidad de una sociedad creada para durar, no para transformarse. Después de 1692, la vida artística se oscurece rápidamente, Sor Juana en su obra, expresa y afirma la sociedad colonial, y en su silencio esa sociedad se condena. Mundo abierto a la participación y por lo tanto, arte vivo, si, pero implacablemente cerrado a toda expresión personal, a toda aventura. Mundo cerrado al futuro. Para ser nosotros mismos, tuvimos que romper con ese orden sin salida, aun a riesgo de quedarnos en la orfandad...[14].

Cabe preguntarse qué es lo especifico en el arte Latinoamericano, aparte del hecho de ser producido por latinoamericanos, no siempre residentes en América; de acuerdo con Yurkievich, lo particularmente latinoamericano seria una relación explícita o implícita con un determinado referente geográfico y cultural: el continente latinoamericano. Pero nos quedan al margen todos aquellos creadores que utilizan lenguajes plásticos no circunscritos a ninguna delimitación étnica o geográfica, a ningún regionalismo. El criterio más en boga, aunque controvertido o reconocido a medias, es el de considerar como arte AL al producido por artistas latinoamericanos, sea cual fuere su estética o su lugar de residencia. Explicación tan amplia que sus límites se pierden en la indefinición y escapan de nuestra orbita de identidad, y no podría ser de otra forma, porque el arte nuestro, cada vez más, es un arte de ruptura, caracterizado por una permanente voluntad de innovación, por una inestabilidad y una mutabilidad acrecentadas que son el correlato de nuestra aceleración histórica, del permanente proceso de adaptación del hombre a la movilidad[15].

¿Cómo producir la descolonización cultural?, ¿persiguiendo lo autóctono o buscando lenguajes omnicomprensivos modernos?, ¿buscando el arraigo a través de formas neofolklóricas o de libre expresión, amplia y general?, ¿nacionalismo e internacionalismo deben ser considerados como opositores excluyentes? Solo tenemos claro que la liberación en el plano económico-social suele ser mas univoca, eficaz y satisfactoria que la del plano cultural y artístico.

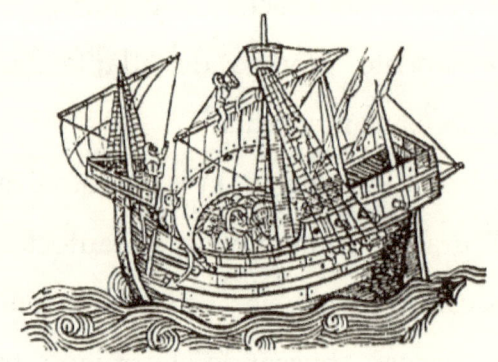

CAPÍTULO V.   DEL MITO A LA IMAGEN: LA IDEOLOGIA COLONIAL.

"el descubrimiento de los yacimientos de oro y plata de América, la cruzada de exterminio, esclavización y sepultamiento en las minas de la población aborigen, el comienzo de la conquista y el saqueo de las Indias Orientales, la conversión del continente africano en cazadero de esclavos negros: son todos hechos que señalan los albores de la era de producción capitalista. Estos procesos idílicos representan otros tantos factores fundamentales en la acumulación originaria" (C. Marx: *El Capital*. Cit. E. Galeano).

El saqueo del nuevo continente, fue medio más importante para la acumulación primaria de capitales que hizo posible el desarrollo de una nueva etapa histórica de mundo. Este inmenso capital, creó un ambiente favorable a las inversiones en Europa, estimulo el "espíritu de empresa" y financio directamente el establecimiento de plantas que dieron un gran impulso a la revolución industrial.

Estos dos párrafos anteriores pueden resumir gran parte de la filosofía viviente en Europa durante la etapa colonial. Fría y calculadamente, la conquista, la colonización y la civilización cargada de contenido religioso, no tenían otra razón que promover esta acumulación primaria, vital en su continente, negando esta misma etapa a los pueblos que conquistaban.

La Leyenda Negra, sintetiza cualitativa y cuantitativamente la acción emprendida. Para unos, era necesario sobrevolar las victorias de los conquistadores, abultando las cifras de muertes, enfrentamientos y armas, desiguales para los españoles, pero de las que salieron victoriosos. Era imperioso dar una imagen de una América fabulosa, rica en hombres y monumentos que les permitiera continuar la campaña de exterminio (Las Casas).

Para otros, el estudio de los documentos los lleva a dar una imagen en América desolada, inculta y dispersa, conformada por hombres débiles y cobardes, sin historia ni monumentos que la ilustren:

pueblos que no han sido de su infancia (Buffon y de Pawn).

Estos fueron los fundamentos que siguieron con la historia de la colonización. Hecha por una nación idolatra de sus prejuicios, llena de fanatismo religioso e ignorante de los principios del comercio, son sed insaciable de oro y con la ferocidad natural de hombres conquistadores.

Una política de colonización conlleva un empadronamiento de los indios, hacerlos sedentarios en caso de ser posible, aprender su lengua y conocer sus costumbres para anudar con ellos lazos de amistad y conseguir aliados. Aunque haya mestizaje de hecho, no se trata de ninguna manera de incorporarlos a los colonos, aunque así figuraba en los proyectos posteriores a 1773. Se pasa de una idea de coexistencia pacífica entre el mundo civilizado y el mundo salvaje, a la idea de su reconciliación y de una integración progresiva de los indios libres, al universo de los civilizados[16].

Toda esta acción está amparada bajo un manto religioso de sacerdotes, mas hombres que tales, cuya misión de evangelizar y civilizar, es una misma cosa. El papel de los misioneros consiste en preparar a los indios para que se conviertan en súbditos leales, intención política encubierta bajo la máscara de la religión. Cada vez más se rechaza la destrucción de los indios a sangre y fuego producida al mezclarse con los europeos.

La reacción de las poblaciones indígenas no fueron sino la respuesta a una conducta de la que son responsables los mismos europeos y su obra civilizadora.

La colonización dio paso a la obra civilizadora. Es posible civilizar a naciones salvajes. El estado salvaje no es ni un estado de inocencia ni un estado de equilibrio, sino un momento de la historia de las sociedades, del que es necesario salir.

El arte de conducir a pueblos todavía salvajes desde el estado de la infancia hasta el estado de la civilización, que es el de las sociedades adultas, se inspira en un modelo educativo, del que se hacen referencia los jesuitas... "los pueblos salvajes, cuando se han reunido en sociedades, quieren como los niños, que se les conduzca benévolamente y se les reprima por la fuerza...".

Será necesario reunir a los salvajes, constituirlos en nación, incorporarlos a los colonos mediante matrimonio, crearle nuevas necesidades para que desarrollen el cambio y el comercio.

Para Baudeau, civilización implica no solo convertirlos a la fe cristiana, sino también a la civilización europea. Un esquema de este plan civilizador del siglo XVIII ha sido el siguiente. En una primera etapa, se hace necesario hacer pasar estos pueblos, como hicieron los jesuitas en Paraguay, de una vida errante al estado social. La vida pastoral, a poco se crearán las condiciones económicas que den paso a la vida social, fundada totalmente en el intercambio y la producción.

La administración espiritual es sólo un medio para favorecer esta revolución. La educación de la juventud, algunas instrucciones morales, el amor al prójimo, la beneficencia, la humanidad y la compasión, el respeto a los padres, los inconvenientes de la poligamia.

Por último, se puede actuar sobre el orden natural de los indios y modificar su comportamiento utilizando hasta la música.

En este plan se mezclan concepciones económicas de los fisiócratas, la teoría de las necesidades (de Condillac hasta Helvecio), una concepción musical además de los principios de una antropología dinámica que descubre en la sucesión de los diferentes "estados" la gran ley de las sociedades humanas y el sentido de su progreso en cuanto perecen sino se perfeccionan.

En el interior de este plan está implícito, en términos públicos, un estado de profunda desigualdad. Asimilados o incorporados a los europeos. Los indios solo constituirán una ínfima categoría, esclavos. En vano puede esperarse que se les civilice a cambio de su libertad.

Aun en la segunda mitad del siglo de las luces, la idea de una civilización no quedaba claramente definida. Algunos piensan en reunir a los salvajes para convertirlos en hombres. Otros, temen que se les convierta en esclavos, en un momento en que la población de negros disminuye peligrosamente. El mundo salvaje no puede escapar a su destrucción. La Conquista nos engendra a la violencia de la explotación, la sangre ya no es más vía hacia una deidad, sino hacia el provecho de otros. La lucha de Cuauhtémoc o de manco Inca contrasta trágicamente con la admisión fascinada de Atahualpa y Moctezuma. Los dioses se van y la opción es la del suicidio o la lucha a sabiendas de la derrota, abandonados de lisiados, compañeros, vasallos, protectores.

Nuestro arte nace al mestizaje engendrado por el imperativo económico, pero también por los sueños, creaciones, experiencia, filosofía de un pueblo mestizo y dependiente. La superchería es de origen económico y político, un intento por legitimar su cruzada. El mito de las razas inferiores permitía que estas fueran explotadas, el cristianismo acepta a los soldados de Cristo los ahorcamientos. La raza fue más una condición social que étnica, con el flujo de los negros que aumentan el "combustible humano para quemar" en la siembra de la caña, viene la elevación mayor para la categoría del blanco. El barrio de cercado, auténtico ghetto colonial todavía hoy es un estigma de bastardía. Pero los mulatos, zambos, prietos, indios, negros, son su mayoría. Son mestizaje fecundo contra el mito racista. Rebelión de los más contra la primera elite.

Pues queda desenmascarado otro mito que aun hoy se respeta: el del pretendido equilibrio colonial, parcializada interpretación de los mismos que sostenían la oscuridad precolombina para defender formas caducas. Su orden fue el del silencio; sus formas, imposiciones del derecho divino y el absolutismo monárquico, sin dinamismo, creado para cerrarse en sí mismo y no para transformarse.

Y es en nuestro presente donde sobreviven en imágenes mestizas la cruz, los dioses quechuas, la bandera, la pirámide mexicana y la autopista, en una convivencia ininteligible que señalan la opción elegida de caminar con paso firme hacia nuestro futuro.

Notas

[1] E. Galeano: *Las Venas Abiertas de América Latina.* Siglo XXI. México. 1979. Pp. 17-34.

[2] E. Galeano: *ob. Cit.*

[3] E. Galeano: *ob. Cit.*

[4] A. Leroi-Gourhan: *El Gesto y la Palabra*: Ed. EBUC. Caracas, 1971. 393 p.

[5] D. Ribeiro: *Las Américas y la Civilización.* Centro Ed., de América Latina. Bs. As. 1969. Tomo I.

[6] D. Ribeiro: *Ob. Cit.*

[7] D. Ribeiro: *Ob. Cit.*

[8] A. Hauser: *La Historia Social de la Literatura y del Arte.* Ed. Guadarma, Madrid. 1976. Tomo 2, p. 19.

[9] T.A. Vasconi: *"Dependencia y Superestructura".* En: *Cultura y Dependencia* de A. Chacón. Ed. Monte Ávila. 1975. Pp. 67 y 69.

[10] T.A. Vasconi: *Ibídem.* P. 71.

[11] D. Arkin: "La estética de las cosas". Moscú. 1924.

[12] J. Bedoya y A. Noemí: *El arte en América latina.* Buenos Aires. 1973.

[13] O. Paz: *El Laberinto de la Soledad.* Ed. FCE. 1972. Cap. V.

[14] O. Paz: *El Laberinto de la Soledad.* Ed. FCE. 1973. Cap. IV.

[15] S. Yurkievich: El arte de una sociedad en transformación. En: *América latina en sus Artes.* p. 175.

[16] Las citas de este capítulo han sido tomadas de M. Duchet: *Antropología e Historia del Siglo de Las Luces.* UCV. Facultad de Humanidades y Educación, Escuela de Artes. Cátedra Análisis Sociológico. Apuntes. 1978.

REFERENCIAS BIBLIOGRÁFICAS

Arkin, D. *La estética de las Cosas.* Moscú. 1924.

Bedoya, J. y Noemí, A. *El arte en América Latina.* Biblioteca Fundación del Hombre Moderno. Buenos Aires. 1973.

Gasparini, G. *La arquitectura Colonial.* Ed. Fundarte. Caracas. 1978.

León-Portillo, M. Fragmentos de poemas de autor anónimo de Tlatelolco, 1528. En: *Visión de los Vencidos.* Relaciones Indígenas de la Conquista. México. 1959.

Duchet, M. *Antropología e Historia del Siglo de las luces.* UCV. Facultad de Humanidades y Educación. Escuela de Artes. Ap. Cátedra Análisis Sociológico. 1978.

Hauser, A. *Historia Social de la Literatura y el arte.* Tomo 2. Ed. Guadarrama No. 20. 1976. P. 19.

Paz. O. *El laberinto de la Soledad.* Ed. FCE. 1973. Cap. V.

Ribeiro, D. *Las Américas y la Civilización.* Tomo 1. Col. Cuadernos Latinoamericanos. Centro Editor de América Latina. Buenos Aires. 1969.

Vasconi, T.A. Dependencia de la Superestructura. En: *Cultura y Dependencia* de A. Chacón. Ed. Monte Ávila, 1975. P. 56.

Yurkievich, S. El Arte de una Sociedad en Transformación. En: *América Latina en sus Artes.* Ed. Siglo XXI. 1978.

LCL/2012